FOUANT,

SEIGNEURS ET BARONS DE **SAINT-PIERRE** ET DE LA **TOMBELLE**,
SEIGNEURS DU COMTÉ DE **MARLE**, EN PARTIE, ETC, ETC.

EN PICARDIE ET EN CHAMPAGNE.

D'azur, à la fasce d'or, chargée de trois fleurs de lis de gueules et accompagnée
de six besants d'or, rangés trois en chef et trois en pointe[1].

La famille Fouant, dont le nom se trouve écrit indifféremment dans
les anciens actes : *Foans, Foan, Fuoan, Fouan*, et enfin *Fouant*[2], est
trop ancienne pour avoir besoin de lui chercher une origine fabuleuse
en la faisant descendre d'un certain *Fuantus*, qui fut, dit-on, l'un des
conquérants des Gaules. Elle est originaire de la Thiérache, ou plutôt
du Soissonnais, et passa dans le seizième siècle en la province de Champagne, d'où la branche cadette vint s'établir, vers 1680, dans le Vermandois. Cette famille tenait dans ces divers pays un rang honorable

(1) Ces armoiries sont celles de la branche aînée, ainsi qu'il se justifie par un certificat en par-
chemin délivré, en 1699, à Guillaume Fouant de Saint-Pierre, et qui fut visé par M. d'Hozier de
Sérigny. Celles des seigneurs de la Tombelle étaient : « d'azur, à la fasce d'or accompagnée en
chef de deux arbres d'or ombrés de sinople et en pointe d'une fleur de lis d'or. » La branche aînée
étant éteinte, les armes de celle-ci ont été reprises par la branche cadette.

(2) Cette dernière orthographe étant la plus usitée et celle qui s'est conservée jusqu'à présent,
nous l'avons, suivant l'usage, adoptée dans tout le cours de cette généalogie.

par son ancienneté et les services qu'elle rendit dans les armées et la magistrature.

Des titres authentiques nous attestent son existence dès le commencement du treizième siècle. En effet, au mois de juin 1221, Raoul ou Rodolphe Foans, qualifié homme d'armes (*armiger*), vendit à l'église de Soissons, du consentement de *Jehan*, son fils aîné, dix arpents de terre à semence pour la somme de trente-six livres parisis [1].

Le roi Philippe de Valois, par lettres du mercredi 8 mai 1558, en considération des services que lui rendit *son amé et féal* Henriet Foans, lui fit don d'une somme de vingt-quatre livres tournois de rente sur la recette de Château-Landon [2].

Pierre Foan, écuyer de Jean de Roucy, comte de Braynes, reçut de ce seigneur, qui le qualifie *son amé écuyer*, en récompense de *ses bons et loyaux services*, une somme de trente-cinq livres tournois, par lettres du mois de juin 1405 [3].

Malgré l'ancienneté incontestable de cette famille, sa filiation n'a pu être littéralement établie que depuis les premières années du quinzième siècle, d'après un commencement de généalogie dressé par M. d'Hozier de Sérigny, juge d'armes de France, divers titres originaux qui ont pu être retrouvés, et des actes de l'état civil, la plupart des papiers de famille ayant été publiquement brûlés, en 1795, sur la place de Marle, dont dépendait la seigneurie de la Tombelle. On pense qu'un incendie qui, en 1758, avait entièrement consumé le bourg de Vesles, où s'était établie la branche puînée, en avait déjà anéanti une grande partie.

Le premier de la famille Fouant qui soit authentiquement connu est Marc Fouant, par lequel nous commencerons cette généalogie.

PREMIER DEGRÉ.

Marc Fouant, écuyer, fit une transaction le 20 mars 1478, et épousa demoiselle Françoise de Neuville, de laquelle il eut un fils, Jacques, qui suit.

(1) Preuve Ire.
(2) Preuve II.
(3) Preuve III.

DEUXIÈME DEGRÉ.

Jacques Fouant, écuyer, fit un acte de partage le 14 mai 1465, et, de son alliance contractée avec demoiselle Marguerite de l'Estoile, laissa un fils, Guillaume, qui suit.

TROISIÈME DEGRÉ.

Guillaume Fouant, Ier du nom, écuyer, fit un accord le 5 juillet 1495. Le roi François Ier le qualifie *son amé et féal conseiller* dans ses lettres du 5 septembre[1] 1556, par lesquelles ce prince lui donne une somme de deux cent cinquante livres tournois *en faveur et considération des bons et aggréables services qu'il lui a par ci-devant faits, tant deçà que dellà les monts*. Guillaume Fouant avait épousé demoiselle Jeanne Le Noir[2], qui le rendit père de Henry qui suit.

QUATRIÈME DEGRÉ.

Henry Fouant, écuyer, seigneur de Saint-Pierre, homme d'armes des ordonnances du roi, de la compagnie de M. de Crigny, ainsi qualifié dans un certificat qui lui fut délivré le dernier jour du mois de janvier 1544[3] par le seigneur de Damerval, écuyer, commissaire des guerres. Il avait été accordé, par contrat de mariage du 8 décembre 1520, avec demoiselle Antoinette Le Sueur, dont il eut :

> 1° Noble homme Jean Fouant, écuyer, seigneur de Saint-Pierre, né en 1523, qui comparaît dans un acte du vendredi 30 octobre 1567[4], en qualité de procureur de noble homme Jacques de Troyes, seigneur de Malletache,

(1) Preuve IV.
(2) La maison de Fouant a contracté deux autres alliances avec cette famille Le Noir en 1780 et en 1846. *Voir* page 8.
(3) Preuve V.
(4) Preuve VI.

au sujet de la tutelle des enfants mineurs de feu noble homme Charles de
Troyes, seigneur de Sainte-Maure;

2° Guillaume Fouant, II° du nom, qui continue la descendance.

CINQUIÈME DEGRÉ.

GUILLAUME FOUANT, II° du nom, écuyer, seigneur de Saint-Pierre,
né en 1527, servait en 1544, dans la compagnie des ordonnances du
roi, en qualité d'archer, ainsi qu'il appert du certificat de Ch. de
Damerval, commissaire des guerres, du 31 janvier de cette année[1].
Noble homme Guillaume Fouant fut ensuite gentilhomme de la vénerie
et fauconnerie du roi Henri II, comme le prouve un *vidimus* de Jean de
Villemontré, commissaire au paiement de la vénerie du roi, du 16 mai
1554[2]. Il épousa, par contrat du 16 septembre 1558, demoiselle
Françoise Cousin. De ce mariage sont issus :

1° René Fouant, qui suit ;

2° Guillaume Fouant, conseiller du roi, receveur général et payeur des rentes
assignées sur le clergé, né en 1564, reçut le 18 mars 1605[3], de Jean Pi-
card, conseiller du roi, maître ordinaire en sa chambre des comptes, une
quittance de la somme de trente-sept livres dix sous ;

3° François Fouant, écuyer, seigneur de la Tombelle en partie, né en 1570,
qui fut homme d'armes de la compagnie de cent hommes d'armes des
archers du roi, sous la charge du prince de Conti, fit montre et passa
en revue en la ville de Meulan, le 1er septembre 1597, comme il se justifie
par un certificat de cette date[4], qui lui fut délivré par Jean Boileau, sieur
de Molanelle, commissaire ordinaire des guerres, Jean Pestau, contrôleur
ordinaire d'icelles, et Guillaume du Fayot, un des soixante hommes d'armes de la gendarmerie.

SIXIÈME DEGRÉ.

RENÉ FOUANT, écuyer, seigneur de Saint-Pierre, né en 1559, fit deux
actes, l'un le 30 décembre 1581 et l'autre le 16 juillet 1608. Il épousa,

(1) Preuve V
(2) Preuve VII.
(3) Preuve IX.
(4) Preuve VIII.

en 1589, demoiselle Louise Le Vasseur, qui lui donna, entre autres enfants, Félix qui suit.

SEPTIÈME DEGRÉ.

Félix Fouant, écuyer, seigneur et baron de Saint-Pierre [1], a la qualité de *gentilhomme de Sa Majesté* dans un permis de chasse que lui accorda le roi Louis XIII le 1er mars 1648 [2]. Il épousa, en 1622, demoiselle Jeanne de la Lande, de laquelle il eut un fils, Guillaume qui suit.

HUITIÈME DEGRÉ.

Guillaume Fouant, IIIe du nom, seigneur de Saint-Pierre, né en 1626, reçut du juge d'armes de France en 1699, en vertu de l'édit du roi de 1696, un brevet d'armoiries, où elles étaient ainsi peintes : « d'azur, à la fasce d'or chargée de trois fleurs de lis de gueules, et accompagnée de six besants d'or rangés trois en chef et trois en pointe, » ainsi qu'il appert d'un certificat recognitif de ces mêmes armoiries, signé par M. d'Hozier de Sérigny [3]. Il avait épousé, en 1651, demoiselle Adélaïde Pilon, qui le rendit père de :

1° N... Fouant de Saint-Pierre, qui n'eut qu'un fils, avec lequel s'éteignit la branche des seigneurs de Saint-Pierre ;
2° Antoine Fouant, qui continue la descendance.

NEUVIÈME DEGRÉ.

Antoine Fouant, Ier du nom, écuyer, né en 1656, épousa, en 1680, demoiselle Suzanne de Marly, fille d'Antoine de Marly, qui avait pour aïeul Simon de Marly, gouverneur de Guise en 1550, que sa bravoure et ses exploits avaient fait surnommer *Bras de Vie* [4].

De cette alliance sont issus :

1° Jean Fouant, né le 8 novembre 1682, qui n'eut qu'un fils, Nicolas Fouant, mort sans postérité ;

(1) *Voir* le *Manuel historique du département de l'Aisne*, par Devisme, page 117.
(2) Preuve X.
(3) Preuve XI.
(4) *Voir* le *Manuel historique du département de l'Aisne*, par Devisme, p. 312.

2° Antoine Fouant, qui suit ;

3° Marguerite Fouant, décédée en 1686 sans avoir pris d'alliance.

DIXIÈME DEGRÉ.

Antoine Fouant, II° du nom, écuyer, seigneur de la Tombelle et du comté de Marle en partie[1], né le 14 mars 1694, fut, à l'âge de vingt-quatre ans, officier garde de la porte du roi Louis XIV. Il acquit, en 1749, la seigneurie de la Tombelle, qui avait été déjà possédée par un membre de sa famille, François Fouant, frère de son trisaïeul, dont il est fait mention en son lieu. Il épousa, par contrat du 28 juillet 1716, demoiselle Antoinette Poulain, décédée le 8 mai 1765. Les armes de la famille Poulain sont : « d'or, au chevron de gueules accompagné de trois roses du même. » Antoine Fouant est décédé le 17 septembre 1759[2], laissant de son alliance :

1° Rodolphe Fouant, né le 26 août 1717 ;

2° Pierre-Antoine Fouant, né le 26 août 1718 ;

3° Jean-Baptiste Fouant, né le 28 août 1719 ;

4° Jean-Antoine Fouant, né le 26 septembre 1720 ;

5° Alexis Fouant, né le 30 octobre 1721 ;

6° Laurent-Antoine Fouant, qui continue la filiation ;

7° Louis-Antoine Fouant, seigneur de Caumont, né le 27 août 1727, épousa, par acte du 26 novembre 1754, demoiselle Marie-Anne Le Clerc, décédée le 27 avril 1767, d'une famille qui a donné six lieutenants généraux au bailliage de Vermandois, dont l'un d'eux, Claude Le Clerc, s'acquit une grande réputation et devint conseiller d'État[3].

Les armes de la famille Le Clerc sont : « d'azur, à une ancre d'argent tortillée d'un serpent d'or lampassé de gueules. »

Louis-Antoine Fouant est mort sans postérité ;

8° Nicolas Fouant, né vers 1731, marié avec demoiselle Élisabeth Gossart, dont les armes sont : « d'argent, à une fasce de gueules accompagnée en chef de trois étoiles d'azur, et en pointe d'une canne de sable sur une rivière de sinople ; » il en eut un fils, Jean-Louis Fouant, né le 1er août 1755, mort sans avoir pris d'alliance ;

---

(1) La ville de Marle avait été érigée en comté en 1413. Ses armes sont : « d'azur, à trois tours d'or rangées en fasce, celle du milieu surmontée d'une fleur de lis d'argent. »

(2) Preuve XII.

(3) Voir le *Manuel historique*, page 294.

9° Antoinette Fouant, née le 7 mars 1723;

10° Marie-Angélique Fouant, née le 25 octobre 1728.

ONZIÈME DEGRÉ.

Laurent-Antoine Fouant, 1er du nom, écuyer, seigneur de la Tombelle, chevalier de l'ordre royal et militaire de Saint-Louis, servit comme son père dans les gardes de la porte du roi, dont il était brigadier en 1788. Il eut plusieurs contestations pour les droits seigneuriaux dont jouissait la seigneurie de la Tombelle, entre autres une avec les habitants et communauté de Marle au sujet de laquelle il fit imprimer, en 1775, un mémoire in-folio de cinquante-cinq pages dont il est fait mention dans le *Manuel du département de l'Aisne*, par Devisme. Il fut accordé, par acte de mariage du 51 janvier 1747, avec demoiselle Marie-Gabrielle d'Agneaux, décédée le 1er février 1768, d'une ancienne famille originaire de la Thiérache qui vint s'établir dans la ville de Laon vers le seizième siècle, et qui a pour auteur Jean Daneau ou d'Agneaux, dit Goujon, qui servit pendant vingt ans avec une grande valeur, sous le fameux Pothon de Xaintrailles, en qualité de capitaine, et qui fit prisonnier, à la bataille de Patay, en Beauce, le célèbre Talbot. Ce glorieux fait d'armes est rapporté dans les lettres de noblesse qui lui furent délivrées au mois de mars 1458; depuis, les membres de cette famille se sont constamment distingués dans les armes, la magistrature et l'église. Les armes de la famille d'Agneaux sont : « d'azur, à deux lions affrontés d'or, lampassés et armés de gueules en chef et un agneau passant d'argent en pointe[1]. »

Messire Laurent-Antoine Fouant mourut le 2 février 1800, et laissa de son mariage :

   1° Antoine-Nicolas Fouant de la Tombelle, écuyer, seigneur de la Tombelle, né le 15 juin 1749, qui fut reçu, le 10 janvier 1766, officier garde de la porte du roi. Il fut réformé avec ce corps le 1er octobre 1787, étant alors brigadier, et le 13 décembre 1791 il fut fait chevalier de Saint-Louis[2]. A la Restauration, il fut nommé maire de la ville de Marle, où il mourut

(1) *Voir l'Histoire de la ville de Laon*, par Devisme, tome II, pages 315 et suiv.

(2) Preuve XIII.

le 10 juillet 1822. Il avait épousé, par contrat passé à Nesles le 24 juin 1783, demoiselle Clotilde Quenescourt de laquelle il eut quatre filles :

 a. Antoinette-Adrienne Fouant de la Tombelle, née le 8 mai 1784, mariée, le 12 frimaire an XII, à Paul-François-Jérôme Lehault de Pepincourt, ancien membre du conseil d'arrondissement de Laon ; ses armes sont : « d'azur, à un cœur d'argent ailé du même, sommé d'une ancre renversée sans trabe d'or, accompagné en chef d'une étoile d'argent et accosté à dextre d'un soleil d'or, et à senestre d'une lune d'argent ; » sans enfants.

 b. Clotilde-Hélène Fouant de la Tombelle, née le 27 février 1785, mariée, 1° à N. Vinchon; 2° à Jean-Louis Dournel, receveur de l'enregistrement et des domaines à Arras, dont les armes sont : « de sable, à la bande d'or chargée d'un annelet de sinople. » Elle n'a pas eu d'enfants de ces deux alliances.

 c. Alexandrine-Philippine Fouant de la Tombelle, née le 14 juillet 1786, qui épousa, le troisième jour complémentaire an XI, Joseph-Edmond-Charles de Nugent, officier, fils de Charles-Benoist de Nugent, seigneur de Potte, officier au régiment de Walse irlandais, au service de France ; son frère, François-Louis-Basyle-Antoine-Aymée, comte de Nugent, fut maître de requêtes et préfet de l'Oise. Les armes de Nugent sont : « d'hermines, à deux fasces de gueules. » Alexandrine-Philippine épousa en secondes noces Louis-Henri-René Le Noir de Becquincourt, chef d'escadron au neuvième hussards, officier de la Légion-d'Honneur. Les armes de cette famille sont : « d'or, à la fasce écartelée de sinople et d'argent. » De cette seconde alliance sont nés :

  I. Louis Le Noir de Becquincourt, magistrat à Doulens, marié le 1er septembre 1846 avec demoiselle Zénaïde Fouant de la Tombelle, sa cousine;

  II. Alexandre Le Noir de Becquincourt ;

  III. Hermance Le Noir de Becquincourt, mariée à Gaston de Dompierre d'Hornoy, ancien procureur du roi à Château-Thierry, actuellement membre du conseil général du département de la Somme et maire de la commune d'Hornoy, arrière-petit-neveu de Voltaire; son père, député d'Amiens en 1830, fut aussi membre du conseil général de la Somme, et son grand-père, M. le président de Dompierre d'Hornoy, du parlement de Paris, fut nommé conseiller d'État le 7 juillet 1814. Les armes de la famille de Dompierre sont : « d'or, au lion rampant de sable, armé et lampassé de gueules. »

 d. Éloïse Fouant de la Tombelle, décédée à la Tombelle sans avoir pris d'alliance.

2º Louis-César Fouant de la Tombelle, né en 1751, mort jeune :

3º Antoine Fouant de la Tombelle, qui continue la postérité ;

4º Pierre-Nicolas Fouant de la Tombelle, chevalier de la Légion-d'Honneur, né le 22 avril 1757, qui, après avoir rempli avec distinction les fonctions de chef de division dans l'administration des domaines où il rendit d'importants services, prit sa retraite et se retira à Laon, où il est décédé le 22 janvier 1839;

5º François-Amand Fouant de la Tombelle, né le 20 septembre 1760, qui fut pourvu le 12 juillet 1785 de l'office de conseiller procureur du roi au bailliage de Vermandois et siége présidial de la ville de Laon [1] ; il épousa demoiselle Delair de Montmirail, dont il n'eut pas d'enfants ;

6º Gabrielle-Hélène Fouant de la Tombelle, mariée à Louis-Paul de Lattre de Tacigny, dont les armes sont : « d'azur, à la fasce d'or, accompagnée en chef de trois étoiles d'argent, et en pointe de trois merlettes du même.» De cette alliance sont provenus :

    a. N... de Lattre de Tacigny, mort sans enfants ;

    b. N... de Lattre de Tacigny, sous-préfet à Châtelleraut sous la Restauration, qui eut deux fils dont l'un était officier dans la maison militaire du roi, où il servit jusqu'en 1830 ;

    c. Hélène de Lattre de Tacigny, mariée 1º à Jacques-Meurice de Lisle, décédé sans enfants à Tenuy. Les armes de cette famille sont : « d'azur, au chevron d'argent chargé d'une molette de gueules; » 2º à M. Poitevin de Veyrière, fils de Christophe Poitevin de Veyrière et de dame de Mauroy, sa première femme. Les armes de la famille de Veyrière sont : « d'azur, à un épi de blé d'or soutenu d'un croissant d'argent. » De cette seconde alliance sont provenus :

        ı. Aristide de Veyrière, capitaine d'artillerie, marié à demoiselle Bernier de Saint-Quentin, dont il a une fille ;

        ıı. Élisa de Veyrière, mariée à M. Achille le Camus de Mofflet, chevalier de la Légion-d'Honneur, chef de bataillon en retraite, dont elle a trois enfants. Les armes de le Camus sont : « d'argent, à deux tours de gueules pavillonnées du même sur une terrasse de sinople, entre lesquelles est posé un échiquier d'azur et d'argent, surmonté d'un chevron d'azur accompagné de trois merlettes de sable ;

        ııı. Ernest de Veyrière, employé supérieur des domaines, marié à demoiselle de Fontenelle, dont il n'a pas d'enfants.

7º Marie-Angélique Fouant de la Tombelle, née le 10 décembre 1755, mariée le 2 mars 1772 à Christophe Poitevin de Veyrière, conseiller du roi, rece-

______
(1) Preuve XV.

veur des tailles à Guise, veuf en premières noces de dame Madeleine-Henriette de Mauroy, qui l'avait rendu père de deux enfants, M. Poitevin de Veyrières, dont il vient d'être parlé, et demoiselle de Veyrière, veuve de M. Cadot de Villemonble. Les enfants de Marie-Angélique Fouant de la Tombelle furent :

   a. Alexandrine Poitevin de Veyrière, mariée à M. Petit, conservateur des hypothèques au Mans, duquel elle a eu quatre filles :

      i. Zoé Petit, épouse de M. Sallard, capitaine de vaisseau en retraite, chevalier de Saint-Louis et de la Légion-d'Honneur ;

      ii. Betsy Petit, alliée à Héraclius-Auguste-Gabriel, comte de Polignac, maréchal de camp, commandeur de la Légion-d'Honneur, chevalier de Saint-Georges, etc., etc., oncle du prince de Polignac. De cette alliance sont nés :

        Jules de Polignac, sous-lieutenant de cuirassiers ;
        Alexandre de Polignac, sous-lieutenant de chasseurs ;
        Et Louise de Polignac.
        Les armes de Polignac sont : « fascé d'argent et de gueules. »

      iii. Hérisilde Petit, alliée à M. Fauveau, chevalier de la Légion-d'Honneur, chef de bataillon du génie ;

      iv. Eudoxie Petit, qui a épousé M. Lombard, chevalier de la Légion-d'Honneur, et de plusieurs autres ordres, capitaine d'état-major, actuellement sous-intendant militaire adjoint.

   b. N... Poitevin-Choisel de Veyrière, marié à la Guadeloupe et décédé dans cette colonie, laissant trois enfants :

      i. Auguste Poitevin-Choisel de Veyrière, marié à la Pointe-à-Pitre, où il réside ;

      ii. Elaïs Poitevin-Choisel de Veyrière, alliée à M. Bertrand, capitaine d'état-major, chevalier de la Légion-d'Honneur ;

      i. N. Poitevin-Choisel de Veyrière, marié et résidant à la Guadeloupe.

   c. Delphine Poitevin de Veyrière, mariée à M. Rain, conservateur des hypothèques à Besançon, où elle est décédée, laissant de son alliance :

      i. Auguste Rain, substitut du procureur du roi à Vesoul ;
      ii. N... Rain, employé supérieur des domaines.

8° Laurence-Euphrasie Fouant de la Tombelle, née en 1758, mariée le 14 août 1779 à Quentin Montain du Fresnoy, conseiller du roi et son procureur au grenier à sel de Marle, duquel elle eut une fille;

9° Adélaïde-Félicité Fouant de la Tombelle, née le 16 décembre 1763, alliée le 3 juin[1] 1783 à Charles-Romain de Lattre de la Motte, conseiller du

---

(1) Preuve XIV.

roi, son avocat au bailliage et siége présidial de Laon [1], deuxième fils de Robert-François-Joseph de Lattre, conseiller du roi, lieutenant particulier, assesseur criminel honoraire au bailliage et siége royal de Ribemont. De cette alliance sont nés :

    a. Michel-Pierre de Lattre, conservateur des hypothèques à Saint-Quentin, marié à mademoiselle Bayort, dont il a eu quatre enfants : Edmond, Alfred, Amédée et Louise.

    b. Adelaïde de Lattre, mariée à M. Etienne Dersu, juge à Laon, dont les armes sont : « d'argent, à la herse de sinople. » De cette alliance est né : Louis-Paul-Etienne Dersu, qui a épousé mademoiselle Dragon de Gomicourt, d'une ancienne famille qui reçut ce surnom de *Dragon* de Henri IV, roi d'Angleterre, comme témoignage de la valeur que montra le chef de la branche cadette dans divers combats des années 1430 à 1440.

    c. Félicité de Lattre, qui épousa le baron de Gay, chevalier de la Légion-d'Honneur, directeur des domaines à Auxerre, cousin germain du vicomte Gay de Martignac, grand-croix de la Légion-d'Honneur et de l'ordre de Charles III d'Espagne, etc., ministre sous la Restauration.

    Les armes de Gay sont : « d'or, à la bande d'azur chargée de trois lis d'argent, tigés et feuillés de sinople. »

DOUZIÈME DEGRÉ.

Antoine Fouant de la Tombelle, écuyer, né le 5 juin 1754, épousa : 1° le 21 juillet 1779, demoiselle Marie-Louise-Marguerite de Hon, décédée le 16 juillet 1785, dont les armes sont : « d'argent, à la fasce de gueules chargée de trois étoiles d'or et accompagnée en pointe d'une hure de sanglier d'azur ; » 2° madame veuve Boutroy. Antoine Fouant est décédé à Laon, en 1820 ; il eut de ses deux alliances :

Du premier lit :

1° Laurent-Louis-Antoine Fouant de la Tombelle, né le 20 avril 1780, mort le 2 avril 1790 ;

2° François-Isidore Fouant de la Tombelle, baron de la Tombelle, qui continue la descendance ;

3° Amélie Fouant de la Tombelle.

Du second lit :

4° Louise Fouant de la Tombelle.

(1) Preuves XV.

TREIZIÈME DEGRÉ.

Fʀᴀɴçᴏɪs-Isɪᴅᴏʀᴇ Fᴏᴜᴀɴᴛ ᴅᴇ ʟᴀ Tᴏᴍʙᴇʟʟᴇ, baron de la Tombelle, ancien inspecteur des domaines, naquit à Vesle le 4 avril 1781. Le roi, en récompense de ses services et de ceux rendus par ses ancêtres, lui a conféré le titre héréditaire de baron de la Tombelle (*Extrait des lettres patentes*). Il avait épousé, le 12 février 1817, dame Adélaïde-Julie Liborel, fille de François-Guillaume-Joseph, baron Liborel, officier de la Légion-d'Honneur, conseiller à la cour de cassation[1], dont les armes sont : « d'argent, à trois gerbes de sinople posées 1 et 2, accompagnées de trois maillets de sable posés 2 et 1. » Adélaïde-Julie Liborel était veuve de Pierre-François-Joseph Crépin, officier de la grande armée, tué au siége de Smolensk en 1812. De cette alliance elle avait eu deux enfants[2]; elle est décédée à Arras le 1er mars 1823. Le baron de la Tombelle se remaria, en 1827, avec demoiselle Jeanne-Sabine-Louise Legressier, fille de M. Legressier, directeur des domaines et de l'enregistrement à Arras, chevalier de la Légion-d'Honneur, dont les armes sont : « d'azur, au gré scié d'or par une feuille de scie d'argent posée en bande et mouvante des angles de l'écu, accompagné au troisième point en chef d'une étoile aussi d'argent. »

(1) Les enfants du baron Liborel étaient :

1º Guillaume-François-Joseph, baron Liborel, juge à Corbeil, marié à demoiselle Trinquant de la Vernade ;

2º Louis, chevalier Liborel, allié à demoiselle de Montigny-Turpin ;

3º Caroline Liborel, décédée sans avoir pris d'alliance ;

4º Adélaïde-Julie Liborel, mentionnée ci-dessus;

5º Bénédicte Liborel, épouse de M. le président de Moly ;

6º Justine Liborel, alliée à M. le marquis de Maleville, pair de France, dont le père fut l'un des quatre rédacteurs du Code civil.

Le baron Liborel avait aussi un petit-fils, Louis-Joseph-Numa-Charles de Noujon, dont le père avait épousé, en 1788, demoiselle Victoire Liborel.

(2) Joseph Crespin, baron du Havelt, commandeur de l'ordre de Saint-Grégoire le Grand, etc., qui épousa en 1839 demoiselle Nicole-Blandine-Victoire Chaillou des Barres, fille de M. le baron Chaillou des Barres, ancien préfet, membre du conseil général de l'Yonne, officier de la Légion-d'Honneur, grand' croix des ordres du Lion et du Mérite civil de Bavière, et petite-fille de l'amiral comte de Champagny, duc de Cadore, pair de France, qui fut ministre de l'intérieur et des relations extérieures sous l'Empire.

Dame Victoire-Floride-Éléonore, sa sœur, épousa en 1827 Louis-Joseph-Numa-Charles de Noujon, son cousin germain.

Les enfants du baron de la Tombelle sont :

Du premier lit :

1º Adolphe Fouant de la Tombelle, qui suit ;

Du second lit :

2ª Zénaïde Fouant de la Tombelle, née le 19 avril 1829, mariée le 1ᵉʳ septembre 1846¹ à Louis-Adrien Le Noir de Becquincourt, son cousin, dont il a été fait mention ci-dessus.

QUATORZIÈME DEGRÉ.

ADOLPHE FOUANT DE LA TOMBELLE, né le 9 décembre 1817, docteur en droit.

(1) Preuve XVI.

Vu et vérifié par nous, chevalier, frère unique de l'ancien juge d'armes de la noblesse de France et continuateur de l'*Armorial*,

PIÈCES JUSTIFICATIVES

I.

MOIS DE JUIN 1221.

Omnibus presentes litteras inspecturis, Stephanus Parisiensis Decanus in Domino salutem, noverint universi quod in nostra presencia constitutus Radulphus Foans armiger recognovit se vendidisse ecclesiæ Suessionensi, de consensu Johannis primogeniti sui decem arpenta terræ sementis liberæ et quietæ ab omni consuetudine servili trigenta per sex libras parisienses, fidem in manu nostra interponens corporalem quod contra istam venditionem venire de cetero non presumet nec dictam ecclesiam per se nec per alios molestabit nec faciet molestari. De hiis autem tenendis et firmiter observandis dictus Radulphus constituit plegios coram nobis videlicet dominum Robertum de Caproliâ et Guidonem nepotem ipsius Radulphi fide prestita corporali. In cujus rei testimonium presentes litteras sigilli nostri munimine ad petitionem ipsius Radulphi tradidimus roboranter. Actum anno Domini Mᵒ CC vicesimo primo, mense junio.

II.

BOIS DE VINCENNES, 19 MAI 1338.

A tous ceus qui ces lestres verront, Pierre Belagent, garde de la prévosté de Paris, salut : Savoir faisons que nous, l'an de grâce M. CCC. trente et huit, le mercredy xxᵉ jour de may, veismes unes lestres scellée du scel de messire le roy, contenans la somme qui s'ensuit : Philippe, par la grâce de Dieu, rois de France, à tous ceus que ces lestres verront, salut; savoir faisons que pour consideration des services que notre amé et féal Henriet Foans, escuier, nous a faiz en nos guerres, nous li avons donné et otroié, donnons et otroions, par ces présentes lestres, vint et quatre livres tournois de rente annuelle, à prendre et avoir chacun an tant comme il vivra, sur les émolumenz du scel et de l'escripture des lestres obligatoires de la prévosté de Chasteaulandon. Si donnons en mandement par la teneur de ces lestres à nostre recepveur de Senz, que les dites vint et quatre

...çois FOUANT, écuyer, né en 1570,
...ig. de la Tombelle en partie, homme
...armes des archers du roi.

...RRE-NICOLAS FOUANT DE LA TOMBELLE,
...cuyer, né en avril 1757, chevalier de
...a Légion - d'Honneur. Sans alliance.

FRANÇOIS AMAND FOUANT DE LA TOMBELLE,
écuyer, né en septembre 1760, conseiller
procureur du roi à Laon. Sans enfants.

DESCENDANCE
DIRECTE
DE LA FAMILLE FOUANT.

Marc Fouant, 1er du nom, écuyer, épousa, le 26 septembre 1438, Françoise de Neuville.

Jacques Fouant, 1er du nom, écuyer, fit un acte de partage le 8 mai 1464, et épousa Marguerite de l'Estelle.

Guillaume Fouant, 1er du nom, écuyer, conseiller du roi François 1er, épousa Jeanne Le Noir.

Marc Fouant, 1er du nom, écuyer, seigneur de Saint-Pierre, homme d'armes des ordonnances du roi, compagnie de Crigny, épousa, le 8 décembre 1540, Antoinette le Sueur.

Jean Fouant, écuyer, seigneur de Saint-Pierre, né en 1580. Sans alliance.

Guillaume Fouant, IIe du nom, écuyer, seigneur de Saint-Pierre, né en 1547, archer des ordonnances du roi, puis gentilhomme de la vénerie et fauconnerie du roi Henri II, épousa, le 10 septembre 1598, Françoise Cousin.

Guillaume Fouant, écuyer, né en 1584, conseiller du roi et receveur général. Sans alliance.

René Fouant, 1er du nom, écuyer, seigneur de Saint-Pierre, né en 1589, fit un acte le 30 décembre 1591 et un autre le 16 juillet 1628; épousa, en 1599, Louise le Vasseur.

François Fouant, écuyer, né en 1577, seg. de la Tombelle en partie, homme d'armes des archers du roi.

Félix Fouant, 1er du nom, écuyer et baron de Saint-Pierre, né en 1593, Gentilhomme du roi Louis XIII, épousa, en 1626, Jeanne de la Lande.

Guillaume Fouant, IIIe du nom, écuyer, seigneur de Saint-Pierre, né en 1638; ce fut à lui que fut délivré, en 1699, le brevet d'armoiries refait par d'Hozier de Sérigny; épousa, en 1661, Adélaïde Pilon.

N. Fouant de Saint-Pierre, décédé sans alliance.

Antoine Fouant, 1er du nom, écuyer, né en 1656, épousa, en 1680, Suzanne de Marly.

Jean Fouant, écuyer, né en 1683. Pas de descendance.

Antoine Fouant, IIe du nom, écuyer, seigneur de la Tombelle et du comté de Marle en partie, né en 1681, officier-garde de la porte du roi Louis XIV, épousa, en juillet 1710, Antoinette Poulain.

Plusieurs enfants morts jeunes ou sans descendance.

Laurent-Antoine Fouant, 1er du nom, écuyer, seigneur de la Tombelle, Villiers, Vohacy, Franqueville, etc., né en 1721, brigadier des gardes de la porte du roi Louis XV, chevalier de Saint-Louis, épousa, en janvier 1747, Marie-Gabrielle d'Agneaux.

Antoine-Nicolas Fouant de la Tombelle, écuyer, seigneur de la Tombelle, né en juin 1748, brigadier des gardes de la porte du roi Louis XVI, chevalier de Saint-Louis, maire de la ville de Marle, épousa, en juin 1783, Clotilde Quéoncourt.

Antoine Fouant de la Tombelle, IIIe du nom, écuyer, né en 1754, épousa, en 1779, Marie-Louise-Marguerite de Ilon, et en deuxièmes noces dame Ve Bourray.

Pierre-Nicolas Fouant de la Tombelle, écuyer, né en avril 1757, chevalier de la Légion-d'Honneur. Sans alliance.

François Amand Fouant de la Tombelle, écuyer, né en septembre 1762, conseiller procureur du roi à Laon. Sans enfants.

Quatre filles dont une seule, Alexandrine-Philippine Fouant de la Tombelle, née en juillet 1798, veuve du capitaine de Nugent, eut trois enfants de son second mariage avec M. de Secquincourt, chef d'escadron au 9e hussards, officier de la Légion d'Honneur.

François-Isidore Fouant de la Tombelle, 1er du nom, baron de la Tombelle, né du 1er lit en avril 1781, inspecteur de l'administration générale de l'enregistrement et des domaines, épousa, en février 1817, dame Adélaïde-Julie de Liborel, et en 1821 Jeanne-Sablac-Louise le Grenier.

Du premier lit. — Adolphe Fouant de la Tombelle, né en décembre 1817, docteur en droit.

Du second lit. — Maurice Fouant de la Tombelle, né en avril 1829, épousa, en septembre 1856, Louise-Adrien de Secquincourt, son cousin.

livres il paye au dit Henriet chacun an tant comme il vivra sur les diz émolumens, aus termes acoustuméz de sa recepte, et à noz améz et féaulx genz de nos comptes à Paris, que la dite somme allouent ès comptes du dit recepveur et rabatent de sa recepte sans nul dédit, non contretsans auz dons par nous faiz au dit Henriet. En tesmoing de ce nous avons fait mettre nostre scel à ces présentes lestres. Donné au bois de Vincennes le ix jour de may, l'an de grace mil ccc trente et huit. Et nouz en cest transcript avons miz le scel de la prevosté de Paris l'an et le jour dessus diz.

Signé : ÉPON.

III.

MOIS DE JUIN 1405.

A tous ceuls qui ces présentes lettres verront ou oiront, Ferry de Hangest, escuyer d'escurie du roy nostre sire et bailly de Vermandois, salut. Sachent tous que nous avons veu, tenu et leu unes lettres de monsieur Jehan de Roucy, conte de Braynes, scellée de son scel, sauves et entière de scel et descripture, si comme il peut apparoir par l'inspection de celles dont la teneur s'ensuit : Jehan de Roucy, conte de Braynes, à nostre amé recevéor Jehan dé Jouy, salut. Nous vous mandons que des deniers de nostre recepte vous paiez et délivriez à nostre amé escuyer Pierre Foan la some de trente cinq livres tournois, de laquelle some nous luy avons faict et faisons don pour ses bons et aggréables services, et en rapportant ces présentes nous les ferons alouer et déduire en nos comptes. Tesmoing nostre scel mis à ce présent mandement, le xx jour de may de l'an mil quatre cens et cinq. Tout ce que nous avons voulu estre escript est contenu en ces présentes. Nous avons faict transcrire mot à mot, et ce présent transcript avons scellé du scel du dit bailliage. (Ce fut fait l'an mil quatre cens et cinq au mois de juing.)

IV.

VALENCE, 15 SEPTEMBRE 1556.

Trésorier de nostre espargne, Mᵉ Guillaume Preudomme, nous voullons et vous mandons que, des deniers de nostre dicte espargne, vous payez, baillez et délivrez comptant à nostre amé et féal conseiller Guillaume Fouant, la somme de deux cens cinquante livres tournois, dont lui avons faict et faisons don par ces présentes en faveur et considération des bons et aggréables services qu'il nous a par ci-devant faiz, tant deçà que dellà les monts et encores faicts de présent, et en rapportant les présentes signées de nostre main et quittauce de mon dict conseiller sur ce suffisantes, nous voullons et vous mandons la dicte somme estre passée et allouée en voz comptes, et rabatue de la recepte de nostre espargne; Donné à Vallence le ve jour de septembre mil v^c XXXVI.

Signé : FRANÇOIS.

Et plus bas :

BRETON.

V.

51 JANVIER 1544.

Nous, Charles de Damerval, escuyer, sieur du dict lieu, commissaire extraordinaire des guerres, certiffions à tous qu'il appartiendra que Henry Foans, escuyer, sieur de Saint-Pierre, est homme d'armes des ordonnances du roy souz la charge et en la compaignie de mons^r de Crigny, et que Guillaume Foans, escuyer, fils du dict Henry, est archer des dictes ordonnances en la dicte compaignie et soulz la dicte charge, et qu'ils sont compris en ces qualités au rôlle des montres et revues de la dicte compaignie, à présent estant pour le service du roy nostre dict seigneur en son régiment des gardes. En tesmoing de quoi nous avons signé la présente de nostre main et faist sceller du scel de nos armes, le dernier jour de janvier mil v^c quarante et quatre.

Signé : DE DAMERVAL.

VI.

51 OCTOBRE 1567.

Noble homme Me Jacques de Troyes, seigneur de Malletache, demourant à Paris, au nom et comme tuteur subrogé quant aux actions des enfants mineurs de feu noble homme Charles de Troyes, en son vivant sieur de Sainte-Maure, et de damoiselle Marie Legras, femme dudit, nous faict et constitue son procureur Me Jehan Samton, procureur au Châtelet de Paris, et noble homme Jehan Fouant, sieur de Saint-Pierre, et chacun deulx pour plaider, opposer, appeler, substituer, elire domicille, et par spéciale pour dire, déclairer en jugement par devant monseigneur le prévost de Paris ou son lieutenant civil, et partout aillieurs où il appartiendra qu'il se rapporte justice de ordonner les conclusions entre le constituant par laditte damoiselle pour raison de ses conventions matrimonniallès, et pour le contenu en la sentence, donné au feu le dict défunct datté du x6^e janvier mil c^c cx6, et que le dict constituant audict nom n'a ni causes ni moyens d'empescher les dictes conclusions, et généralement promesse obligeant. Fait et passé l'an mil cinq cens soixante sept, le vendredi trente ung d'octobre entre ladicte demoyselle et mineurs faict comme dessus.

Signé : BOURGERY.